LK 400.

RECUEIL

DES

PRINCIPAUX MIRACLES,

OPÉRÉS SPÉCIALEMENT DANS LE XVIe SIÈCLE,

PAR LA ROBE SANS COUTURE

DE N.-S. JÉSUS-CHRIST,

Conservée à Argenteuil, près Paris.

Par Mlle JULIE COLLIN.

A PARIS,

Chez Mlle COLLIN,

Rue d'Anjou-Dauphine, 13.

—

1841.

A la même adresse :

La Sainte Robe, gravure fine. . . . 20 c.
   id.   —   ordinaire . 10 c.
Précis sur la Sainte Robe. . . . . . 20 c.
Recueil des Miracles. . . . . 50 c.

PRINCIPAUX MIRACLES

OPÉRÉS

PAR LA SAINTE ROBE

DE N.-S. JÉSUS-CHRIST.

Catherine Potel, de la paroisse de St-Eustache à Paris, affligée depuis quinze ans d'une paralysie, au point de ne pouvoir se tenir debout, se retira au monastère d'Argenteuil, où on l'admit comme pensionnaire.

Elle prit la résolution de faire une neuvaine devant la Sainte Robe. Elle la commença le 12 juillet 1673, et dès le second jour, elle put se mettre à genoux. Enfin, le 5e jour, après avoir éprouvé un redoublement de douleur, et être revenue d'une extrême faiblesse, elle s'écria que Dieu l'avait guérie. En effet, elle se leva sans peine, courut se prosterner devant le grand autel, sortit de l'église, suivie de ses porteurs, et rentra dans le chœur, où étaient les religieuses, qui pleurèrent de joie, en la voyant marcher d'un pas assûré.

Vers 1672, Jacqueline Dumarais, femme du sieur Onclé, fourrier d'une compagnie suisse, percluse de ses membres, depuis cinq mois, sans avoir pu obtenir de soulagement des remèdes humains, se fit mener devant la Sainte Robe, entendit la messe, eut des convulsions, et se trouva parfaitement guérie. L'an 1669, au village d'Armont, près d'Argenteuil, Mathurine Dangoisse, femme de Henri Dubois, resta percluse de tous ses membres, recourut en vain aux ressources de la médecine, s'adressa à la Sainte Robe, priant son mari d'y faire toucher une chemise, ce qu'il exécuta, et dès qu'elle l'eut sur le corps, elle recouvra l'usage de ses membres. L'an 1674, Anne Wasson, veuve de Regnault Henaut demeurant au village de Flay, près Péronne, fut si incommodée aux genoux, qu'elle ne pouvait marcher. S'étant fait porter à Argenteuil, devant la Ste Robe, elle y commença une neuvaine. Dès le second jour elle fut guérie, en appliquant sur ses genoux, des linges qui avaient touché le précieux reliquaire. L'an 1670, Martine Poteron, femme de Jean Moriu, d'Argenteuil, percluse depuis treize mois, se fit porter devant la Sainte Robe et fut guérie. César Plinchot, aussi d'Argenteuil, qui était retenu depuis dix-huit mois au lit, invoqua la Sainte Robe, et se trouva guéri. Louis Gaucher, chef d'échansonnerie de la Reine mère, eut un rhumatisme, qui lui causait des douleurs affreuses. Ayant entendu parler des merveilles opérées par la robe du fils de Dieu, il envoya y faire toucher une de ses chemises, A peine en fut il couvert, qu'il ne sentit plus aucun mal. L'an 1672, Catherine Lucie, femme de Michel Cirier, de Besons, fut percluse du bras gauche et du pied droit. Elle mit sa confiance en la Sainte Robe, y envoya faire toucher une chemise, et recouvra l'usage des membres affligés, dès qu'elle s'en fut revêtue.

Nicole Bouret, veuve de Louis Saucel, demeurant à Besons, souffrait horriblement d'une jambe, depuis deux ans. Elle se fit apporter à Argenteuil, devant la Sainte Robe, pria avec foi, et s'en retourna guérie. Marie Lucas, veuve de Pierre Gentil, percluse de tous ses membres, fut aussi guérie pendant sa neuvaine. L'an 1664, Marie Rafrond, veuve de David Leraud, d'Argenteuil, percluse du bras gauche, fut guérie sur la fin de sa seconde neuvaine. Guillaume Renard du même lieu, devait avoir le bras coupé à cause d'une loupe, qui lui causait des douleurs insupportables; il fit une neuvaine devant la Sainte Robe, et guérit entièrement.

L'an 1654, Claude Lechelete, aussi d'Argenteuil, perclus de tous ses membres, fit une neuvaine à la Sainte Robe, et obtint une guérison complète. L'an 1659, un enfant, nommé André Jeson, fils du sieur Jeson, paroisse de St-Merri, à Paris, était privé de l'usage de ses mains, et ne pouvait parler. Sa nourrice qui demeurait à Argenteuil, fit une neuvaine pour lui, devant la Sainte Robe, Il commença à parler, et eut bientôt l'usage libre de ses mains. Un autre jeune enfant, appelé Louis Moteron, fils de Daniel Moteron, d'Argenteuil, eut un fort tremblement de tout le corps. Son père et sa mère recoururent à la Sainte Robe, et avant la fin de la neuvaine, l'enfant jouit d'une parfaite santé. L'an 1666, Marie Audoart, d'Argenteuil, percluse de tous ses membres, se trouva guérie, avant la fin d'une neuvaine devant la Ste-Robe ; Pierre Gautier, Etiennette Noël, Jeanne Picard, Michel Hornay, Marguerite Duport d'Argenteuil, reçurent la même grâce, en invoquant la Sainte Robe.

L'an 1665, un jeune enfant d'Argenteuil, nommé Pierre Renard, âgé de cinq ans, perdit la vue. Ses pareuts firent une neuvaine devant la Sainte Robe, et le quatrième jour, ayant mis sur les yeux de cet enfant, un linge qui avait touché la châsse, la vue lui fut rendue de suite. L'an 1673, Anne le Tessier, femme de maître Réné Dubois, chirurgien, à Rochefort, en Beauce, âgée d'environ trente ans, perdit presque entièrement la vue. Elle alla faire ses dévotions à Argenteuil, et vit clair. L'an 1674, Claude Pilau, marchand, à Menelé, en Picardie, devint aveugle. Il fit vœu d'aller à Argenteuil, révérer la Sainte Robe, et commença sur l'heure à voir un peu. Le lendemain, il continua sa prière, et recouvra la vue entièrement. Anne Voisin, veuve de Thomas Le Dié, à Grignon, diocèse de Chartres ; Marie Renée Ferron, de la paroisse de St-Roch, à Paris, Jean Delaplace, Blaise Pierre, Anne Aubry, Marguerite Nau, d'Argenteuil, ont recouvré la vue par la protection de la Sainte Robe. Claude Prevot, de Bagnolet, Guillaume Audoart, Philippe Michel, Etienne Dreux, d'Argenteuil, figurent au nombredes hydropiques, aussi guéris par la tunique sacrée.

La femme d'André Houé, d'Argenteuil, accoucha au huitième mois, d'un enfant que la sage-femme, le chirurgien et la grand'mère jugèrent être mort, ce qui empêcha de le baptiser. On le porta devant la Sainte Robe, et il donna de si grandes marques de vie, qu'il fut baptisé par celui même qui l'avait cru mort.

S'il fallait énumérer toutes les maladies, et toutes les infirmités guéries par la Ste-Robe, d'énormes volumes ne suffiraient pas. Nous nous arrêterons ici, en suppliant notre Sauveur de daigner continuer ses grâces à tous ceux qui l'invoqueront par la médiation de sa tunique adorable.

Les miracles précités ont été authentiquement reconnus, tant par des enquêtes publiques, que par des procès-verbaux, et des déclarations faites devant notaires par les chrétiens sur qui ont éclaté d'une manière si admirable, la puissance et la miséricorde célestes.

REMARQUE.

En 1676, Don Gabriel Gerberon, religieux, bénédictin de la congrégation de St-Maur, a composé l'Histoire du Monastère royal de l'abbaye d'Argenteuil, et celle de la Sainte Robe sans couture, qui était alors dans ce monastère. Son ouvrage a été approuvé, le 13 et le 24 décembre 1676, par M. Huot, et M. Thomas Roulland, docteurs en Sorbonne.

On y trouvera la preuve des miracles rapportés ici, et de tout ce que nous avons dit dans notre précis sur la sainte Robe. Ce serait fatiguer inutilement le lecteur que de rappeler les auteurs qui ont écrit sur le même sujet avant Don Gerberon, vu qu'il s'accordent en tout point.

> Gloire à Dieu !
> Honneur à la Ste-Robe
> De son Fils !

FIN.

Imp. de Chassaignon, rue Git-le-Cœur, 7.

www.ingramcontent.com/pod-product-compliance
Lightning Source LLC
Chambersburg PA
CBHW070437080426
42450CB00031B/2706